W0403794

Licht und Mut

Ein neuer Tag bricht an. Vogelgesang ertönt. Wenn wir aus dem Fenster blicken, innehalten, die Sonne und die Klänge auf uns wirken lassen, dann ist er da: der erste schöne Moment des Tages. Er stärkt uns, macht uns Mut. Manchmal bekommen alltägliche Dinge einen neuen Glanz, erscheinen im neuen frischen Licht, einfach weil wir sie bewusst wahrnehmen. Halten wir Ausschau nach dem Guten, das Gott für uns heute bereithält. Er gibt uns täglich, was wir brauchen, und geht mit uns.

Morgenlicht leuchtet,
rein wie am Anfang.
Frühlied der Amsel,
Schöpferlob klingt.
Dank für die Lieder,
Dank für den Morgen,
Dank für das Wort,
dem beides entspringt.

Jürgen Henkys (EG 455,1)

Liebe und Vertrauen

Unser Leben ist vielschichtig. Blicken wir zurück, erinnern wir uns an glückliche Zeiten mit der Familie und mit Freunden, an Bewahrung in schwierigen Situationen, an erfreuliche Wendungen. Dafür können wir Gott danken. Doch manchmal fällt es schwer, das Gute zu erinnern, weil die Gegenwart alles andere als erfreulich ist, der Gedanke an früheres Glück schmerzt und manche Erinnerung aus der Vergangenheit belastet. Aber Klage und Dank schließen sich nicht aus. Sie sind Teil der Beziehung mit Gott. Mit einem Gott, der uns so sehr liebte, dass er für uns starb und den Tod besiegte. Warum sollten wir ihm nicht alles anvertrauen, was uns bewegt?

Danket dem Herrn;
denn er ist freundlich,
denn seine Güte
währet ewiglich.

Psalm 136,1

Gott,

zu dir rufe ich am frühen Morgen,
hilf mir beten und meine Gedanken sammeln;
ich kann es nicht allein.
In mir ist es finster, aber bei dir ist Licht,
ich bin einsam, aber du verlässt mich nicht,
ich bin kleinmütig, aber bei dir ist Hilfe,
ich bin unruhig, aber bei dir ist Frieden,
in mir ist Bitterkeit, aber bei dir ist Geduld,
ich verstehe deine Wege nicht,
aber du weißt den rechten Weg für mich.

Vater im Himmel,
Lob und Dank sei dir für die Ruhe der Nacht,
Lob und Dank sei dir für den neuen Tag,
Lob und Dank sei dir für alle deine Güte und Treue
in meinem vergangenen Leben.
Du hast mir viel Gutes erwiesen,
lass mich nun auch das Schwere
aus deiner Hand hinnehmen.
Du wirst mir nicht mehr auferlegen, als ich tragen kann.
Du lässt deinen Kindern alle Dinge zum Besten dienen.

Dietrich Bonhoeffer

Gehalten und getragen

Gott sichert uns zu, dass er bei uns ist, was auch immer geschieht. Seine Hand hält uns, sie gibt uns das Gefühl: „Alles ist gut. Ich kümmere mich um dich!“ Wie ein Vater seinem Kind beim Balancieren auf einem Baumstamm oder beim Überqueren der Straße hilft, so führt uns Gott durch die Unwegsamkeiten des Lebens, vorbei an Hindernissen und Gefahren.

Fürchte dich nicht,
ich bin mit dir;
weiche nicht,
denn ich bin dein Gott.
Ich stärke dich,
ich helfe dir auch,
ich halte dich
durch die rechte Hand
meiner Gerechtigkeit.

Jesaja 41,10

Wir können jederzeit sagen: „Jetzt kann ich alleine gehen! Lass mich los!“, etwa weil wir glauben, jetzt groß genug zu sein, um eigene Entscheidungen treffen zu können und das Leben alleine zu meistern. Aber früher oder später werden wir feststellen: Wir stoßen dabei immer wieder an unsere Grenzen. Wir schaffen es nicht alleine. Dann ist es gut zu wissen, dass Gott nur ein Gebet weit weg ist. Seine Zusage bleibt bestehen: „Was auch immer geschieht, ich bin für dich da!“ Er wartet nur darauf, dass wir zu ihm zurückkehren und uns von ihm helfen lassen, weil wir eingesehen haben, dass wir ihn brauchen.

Sehnsucht und Glück

In einem unbemerkten Augenblick findet meine Sehnsucht ihre Sprache. Sie braucht mehr als eine kurze Antwort. Sie braucht tiefe Geborgenheit, die Gewissheit, angenommen zu sein mit allen Fehlern und Schwächen, so, wie ich bin. Es ist die Sehnsucht danach, bedingungslos geliebt zu sein. Eine Sehnsucht, die nur Gott stillen kann, denn vollkommen liebt nur er.

Menschen geben sich Mühe, mich zu lieben, so gut sie es eben können. Aber sie sind nur Menschen, die auch ihre Grenzen haben, sie verstehen mich lediglich bis zu einem gewissen Punkt. Sie können mich nicht zu meiner Seelenruhe zurückbringen. Aber Gott kann es. Er kann den Sturm in mir stillen und er weiß immer, wie es mir geht, auch wenn ich schweige.

Ich bin der Weinstock,
ihr seid die Reben.
Wer in mir bleibt
und ich in ihm,
der bringt viel Frucht.
Wie mich mein Vater liebt,
so liebe ich euch auch.
Bleibt in meiner Liebe!

Johannes 15,5.9

Sinn und Ziel

Was erwarte ich vom Leben? Die Antwort ist eigentlich einfach: Es soll Sinn machen. In allem, was ich mir vornehme und beginne, will ich spüren, dass mein Leben einen Grund hat und ein Ziel. Ich habe viele Erwartungen und weiß doch, dass nicht alle Wünsche erfüllt werden. Aber manchmal möchte ich einfach nur wissen, wie es weitergeht. Ich wünsche mir, erfüllt zu werden mit dem, was meinem Leben eine Bestimmung gibt. Ich sehne mich nach Gottes Zuwendung und seiner Weisung.

Ich vergesse,
was dahinten ist,
und strecke mich aus
nach dem,
was da vorne ist,
und jage nach
dem vorgesteckten Ziel,
dem Siegespreis
der himmlischen
Berufung Gottes.

Philipper 3,13-14

Wasser und Leben

Nichts soll dich verwirren,
nichts dich erschrecken.
Alles geht vorbei.
Gott allein bleibt derselbe.
Die Geduld erreicht alles.
Wer Gott hat, dem fehlt nichts:
Gott allein genügt.

Teresa von Ávila

Alles geht vorbei. Ich habe erfahren, dass diese Worte wahr sind. Wie gehe ich damit um? Ich habe mich in meinem Leben eingerichtet. Das Gewohnte gibt mir Sicherheit. Andererseits kann es befreiend sein, Dinge loszulassen. Ich kann mich auf Neues einlassen und wachsen. Ich darf Gott vertrauen, dass er den richtigen Zeitpunkt für alles in meinem Leben hat. Er wird mir immer zufließen lassen, was ich brauche. Er ist treu und bleibt an meiner Seite. Ruhen in seiner Gegenwart erfrischt mich und schenkt mir neue Kraft.

Früher und heute

Ich bin das A und das O,
der Erste und der Letzte,
der Anfang und das Ende.

Offenbarung 22,13

Auf dem Tisch liegen alte Fotos, kostbare Momente, festgehalten bei einem Besuch, einem Ausflug, dem gemeinsamen Urlaub, manches ist schon viele Jahre her, doch noch lebendig vor Augen.
Es sind Facetten des Lebens. Fragen, auch Erstaunen: War ich damals ein anderer Mensch als jetzt? Was ist aus der Freundin, was aus den Nachbarn von damals wohl geworden?
Die Zeit scheint zu fliegen, für einen Moment liegt alles klar vor Augen, dann wird der Blick wieder abgelenkt. Wir dürfen aber immer gewiss sein: Gott führt uns durch die Zeit, auch wenn wir nicht alles überblicken können und viele Fragen haben. Er ist der Anfang und das Ende.

Dein Wort ist meines Fußes Leuchte
und ein Licht auf meinem Wege.
Psalm 119,105